Le 26 février 1891

VENTE

APRÈS DÉCÈS

D'Eugène LAMI

CATALOGUE

D'AQUARELLES

ET DESSINS

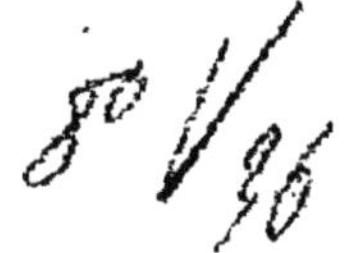

CATALOGUE

D'AQUARELLES

ET DESSINS

PAR

EUGÈNE LAMI

ET AUTRES ŒUVRES DE :

BOUCHER, DE LA TOUR, PALAMÈDES, ETC.

GRAVURES ANCIENNES

LIVRES A FIGURES, etc., etc.

PROVENANT DE L'ATELIER DE FEU EUGÈNE LAMI

Dont la Vente aura lieu, par suite de son décès

HOTEL DROUOT, SALLE N° 5

Le Jeudi 26 Février 1891, à 2 heures

COMMISSAIRE-PRISEUR	EXPERT
Mᵉ SARRUS	M. E. FÉRÀL, peintre
74, rue Saint-Lazare.	Faubourg Montmartre, 54

Chez lesquels se trouve le présent Catalogue

EXPOSITION PUBLIQUE : Le Mercredi 25 Février 1891.

De une heure à cinq heures et demie.

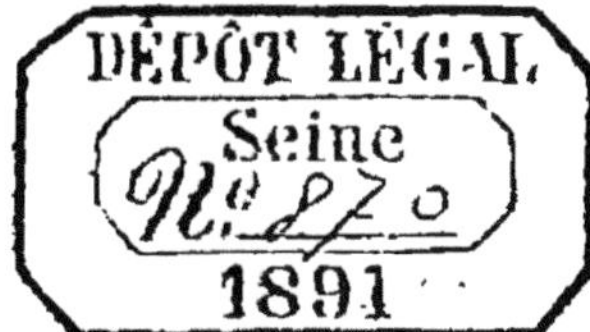

CONDITIONS DE LA VENTE

La vente sera faite au comptant.

Les acquéreurs payeront cinq pour cent en sus des enchères applicables aux frais.

EUGÈNE LAMI

1800 — 1890

Eugène Lami, enlevé par la mort le 19 décembre 1890, appartient désormais à l'histoire de l'École Française ; au dix-neuvième siècle, qu'il aura vu s'écouler presque tout entier, puisqu'il était né le 12 janvier 1800 ; il mérite ce nom de *Petit-Maître*, que nous appliquons aujourd'hui aux Pater, aux Lancret, aux Saint-Aubin et autres charmeurs qui, avec une pointe de galanterie dans le pinceau et un esprit infini, sont reconnus comme les historiens au petit pied du siècle dernier.

Considéré comme iconographe, Eugène Lami joue un rôle important, en ce sens que si on feuillette son œuvre, si difficile à réunir aujourd'hui, on y trouve un reflet du long temps où il a vécu, l'histoire au jour le jour des transformations du costume, des modes, de l'uniforme, de l'aspect extérieur des cérémonies, des fêtes, des plaisirs et des divertissements de la société aimable de son temps.

Si on l'envisage comme peintre, c'est la main la plus agile, la touche la plus vive, le coloriste le plus chatoyant, et dans le choix des sujets, même comme peintre d'histoire, il reste un anecdotier charmant. L'illustrateur est très brillant, mais s'il sourit volontiers et s'il charme, le drame et l'émotion ne sont pas son fait; il est dusiècle dernier, il glisse, il effleure et n'appuie pas.

De bonne heure il s'est dégagé des liens de l'école; élève de Gros et d'Horace Vernet, dès 1824, il se montre lui-même dans une peinture à l'huile. *La Bataille de Misavente,* exposée au Salon de cette annéelà et qui figure au Luxembourg. Il s'y révèle cependant comme aquarelliste par l'esprit, par la touche, par un *rendu* qui est le sien, et n'emprunte rien ni à ses maîtres ni à leurs illustres disciples. Une *Bataille de l'Alma,* exécutée trente années plus tard et peinte aussi par le même procédé, produit la même sensation.

Il a souffert d'être regardé, cité et loué comme le chef de l'école de l'aquarelle en France; il eût voulu qu'on tint plus de compte de ses œuvres historiques, peintes à l'huile, qui sont nombreuses et qui méritent de rester, mais c'était vraiment dans l'aquarelle qu'il se révéla tout entier, avec son *brio* extraordinaire, sa maîtrise, son éclat incomparable.

Nous devons rappeler aussi quelques travaux décoratifs de grande dimension, peu connus du public, où il cotoie Tiépolo et où il montre plus de souffle qu'on n'en attendait du peintre auquel on doit *le Bal aux Tuileries*, les *Fêtes en l'honneur de la reine d'Angleterre*, les *Courses à Chantilly*, le *Bal à l'Opéra*, *l'Escalier de marbre à Versailles*, le *Lever de la Reine*, etc..., aquarelles exposées à l'exposition universelle de 1867 qui, avec les compositions possédées par les barons de Rothschild, par la reine d'Angleterre et le marquis d'Hertford, sont les meilleures de son œuvre.

Tout le monde ne sait pas non plus qu'Eugène Lami, artiste aux facultés multiples, qui connaissait bien l'art français dans toutes ses manifestations, avait un très vif sentiment de l'architecture monumentale, et était capable de concevoir des ensembles décoratifs de grande proportion ; ceux qui sont initiés savent ce que lui doivent les belles résidences de Ferrières et de Boulogne, domaines d'une famille à laquelle il a été attaché pendant plus de cinquante ans, et qui lui a témoigné son affection jusqu'à sa fin.

La vie d'Eugène Lami a été à la fois intime et cachée, brillante et discrète ; sa carrière effective commence à 1830, et il a travaillé jusqu'à sa dernière heure. Professeur de dessin des princes et princesses de la famille d'Orléans, il a suivi le prince héritier au siège d'Anvers. Il a visité l'Italie, et son passage en Angleterre se reflète dans ses œuvres par de nombreux sujets de la vie anglaise et des cérémonies royales ; ses cartons qui vont se disperser, nous montrent de belles études de cette époque. Au fond, il était fait pour fixer les élégances de son temps et de tous les temps, les scènes de la Régence, celles du temps de Louis XIV, les réceptions des Tuileries, les soirées chez le duc d'Orléans, les *Drawing-Rooms*, les courses du Derby, celles de Chantilly, l'inauguration du parlement.

La soie, le velours, les Grand Halls éclatants de lumière, les cliquetis des orfèvreries et des fleurs sous les lambris dorés, les habits rouges et le déploiement des grandes livrés des fêtes de la Vénerie; voilà son domaine et ses éléments.

Dans ces vingt dernières années, il était un peu dépaysé dans le monde moderne, les jeunes l'aimaient cependant et le lui prouvaient; il se montra exempt de préjugés à l'égard de la jeune école, Detaille, De Neuville, Heilbuth, John Lewis, Brown étaient ses amis.

Il se réfugiait cependant volontiers dans le passé et vivait de réticence; il appelait Bonington Richard Parkes, de son nom d'atelier, et parlait de Gros, d'Isabey et de Carle Vernet comme s'ils étaient venus le voir la veille.

Le succès lui a été fidèle jusqu'à son dernier jour, et lui-même a été fidèle au travail jusqu'à sa fin; il a laissé cependant moins d'œuvres qu'on le pourrait supposer; et le petit nombre de numéros dont se compose son catalogue, nous prouve qu'il attaquait directement le bloc, sans longues études et tout d'inspiration.

Heureux ceux qui pourront accrocher sur le mur de leur cabinet de travail, quelqu'une de ses belles études !

Quelle que soit la proportion de l'œuvre, il y a là, la touche d'un maître et le nom d'Eugène Lami restera.

CHARLES YRIARTE.

DÉSIGNATION

OEUVRES D'EUGÈNE LAMI

1 — *Concert dans le parc de Versailles.*

Très belle aquarelle signée et datée 1856.

2 — *L'Amende honorable.*

Importante aquarelle. Feuille d'éventail.

3 — *Une Fête au palais Durazzo.*

Esquisse, à l'aquarelle, datée 1883.

4 — *Un Mariage au temple protestant, à Divonne.*

Aquarelle.

5 — *La nuit de Walpürgis, de Faust.*

Grande aquarelle inachevée.

6 — *Un rendez-vous de chasse.*

Aquarelle datée 1889.

7 — *Roméo et Juliette.*

Aquarelle datée 1889.

8 — *La Reine d'Angleterre entourée de sa famille.*

Aquarelle inachevée.

9 — *Le 79ᵉ régiment de highlanders.*

Aquarelle.

10 — *Un bal masqué à l'Opéra, vers 1845.*

Importante aquarelle.

11 — *Le Sicilien ou l'Amour peintre, de Molière.*

Aquarelle.

12 — *Une scène d'Hamlet.*

Aquarelle datée 1882.

13 — *Les deux Pigeons.*

Fable de La Fontaine
Aquarelle ayant figuré à l'exposition des aquarellistes français.

14 — *La Belle au bois dormant.*

Aquarelle datée 1889.

15 — *Un salon de Paris, sous le deuxième Empire.*

Aquarelle.

16 — *Un auto-da-fé.*

Esquisse, à l'aquarelle, datée 1869.

17 — *Cléôpâtre, de Shakespeare.*

Ébauche à l'aquarelle.

18 — *Jeune dame assise.*

Aquarelle faite à Londres.

19 — *Le Malade imaginaire, de Molière.*

Aquarelle.

20 — *Inès de Castro.*

Ébauche, à l'aquarelle, datée 1889.

21 — *Amazone à cheval.*

Aquarelle datée 1889.

22 — *Vue prise aux environs de Nice*

23 — *Officier à cheval.*

Aquarelle inachevée.

24 — *Mlle de La Vallière.*
Aquarelle datée 1889.

25 — *Sujet mythologique.*
Dessin au crayon noir, sur papier bleu, rehaussé de blanc.
Projet pour un plafond, de forme ovale.

26 — *Même sujet, à l'aquarelle.*
Inachevé.

27 — *Personnages vénitiens costumés.*
Esquisse, à l'aquarelle, datée 1864.

28 — *Fête dans un palais vénitien.*
Aquarelle inachevée.

29 — *Trois personnages en costume de chasse.*
Croquis, à la mine de plomb, rehaussé d'aquarelle.

30 — *Le Songe d'une nuit d'Été.*
Deux aquarelles.

31 — *Épisode du siège d'Anvers.*
Aquarelle datée 1832.

32 — *Les Sybarites après dîner.*
Aquarelle datée 1836.

33 — *Jeune femme présentant une supplique à Napoléon Ier.*

Aquarelle.

34 — *Projet pour une maison de campagne.*

Aquarelle.

35 — *Comédiens donnant une représentation devant Louis XIV, dans une cour du palais de Versailles.*

Ébauche.

35bis — *Dame et seigneur, en costume Henri II.*

Ébauche.

36 — *Régiment de marche, en 1870.*

Aquarelle.

37 — *Fête vénitienne.*

Des personnages costumés montent dans une gondole.

Aquarelle inachevée.

38 — *Capitaine de lanciers, à la tête de son escadron.*

Aquarelle inachevée.

39 — *Châtelaine et seigneur partant pour la chasse.*

Aquarelle.

40 — *Groupe d'officiers du 79ᵉ régiment de highlanders (montagnards écossais).*
Aquarelle datée 1854.

41 — *Même sujet, de plus petite dimension, avec variantes.*
Aquarelle.

42 — *Cavalier franchissant un obstacle.*
Petite aquarelle cintrée du haut.

43 — *Carabinier, de la Garde impériale, à cheval.*
Aquarelle.

44 — *Les Joueurs de cartes.*
Petite aquarelle inachevée.

45 — *Projet de costumes pour Roméo et Juliette.*
Quatre personnages, sur trois feuilles.

46 — *Les Précieuses ridicules, de Molière.*
Ebauche.

47 — *Motif de décoration pour le Cercle de la rue Boissy-d'Anglas.*
Aquarelle cintrée du haut.

48 — *Jeune homme, en costume de chasse, appuyé contre une porte de jardin.*

Aquarelle ovale.

49 — *Piqueur et Chiens au repos.*

Aquarelle.

50 — *Don Juan.*

Feuille d'éventail.
Aquarelle inachevée.

51 — *Les Sorcières de Macbeth.*

Petite aquarelle.

52 — *L'Évasion.*

Effet de lumière.
Petite aquarelle.

53 — *Le Salon d'un amateur d'objets d'art.*

Aquarelle.

54 — *Un jour de fête, en Espagne.*

Petit croquis, à la gouache.

55 — *Les Enfants de Charles Ier, d'après Van Dyck.*

Aquarelle.

56 — *La Barque du Dante, d'après Eug. Delacroix.*

Aquarelle.

57 — *La Lecture du contrat.*

Esquisse sur toile.

58 — *L'escalier de marbre du palais de Versailles.*

Esquisse sur toile.

59 — *Fleurs dans un vase.*

Esquisse sur toile.

—————————

TABLEAUX

PASTELS ET AQUARELLES

PAR DIVERS

BIDA

60 — *Une aquarelle, d'après le Tintoret.*

BOUCHER (François)

61 — *Sujet mythologique.*

Au centre, Vénus assise sur des nuages et entourée
de petits amours voltigeant ou tenant des attributs.
Très belle esquisse, sur bois.
Projet pour un plafond.

GÉRICAULT (Théodore)

62 — *Arabes et leurs chevaux.*

Aquarelle gouachée.

GIRAUD (Eugène)

63 — *Portrait-charge de Eug. Delacroix.*

Aquarelle.

LATOUR (Maurice-Quentin de)

64 — *Portrait présumé de Louis XV, enfant.*

Très belle étude au pastel, d'une finesse d'exécution remarquable.
Cadre en bois scuplté.

PALAMÈDES

65 — *Portrait d'homme.*

Vu en buste, la tête de trois quarts tournée vers la droite, vêtement noir et large collerette finement plissée.
Très beau portrait, daté 1631.

66 — *Un lot de croquis et aquarelles : costumes militaires.*

67 — *Un lot de croquis : portraits.*

GRAVURES ET LIVRES A FIGURES

68 — *L'Enseigne.*

Gravé par Aveline, d'après Watteau,

69 — *Les Fils de Rubens.*

Gravé par Pichler, d'après Van Dyck.

70 — *M. de Nestier.*

Gravé par Daullé, d'après Delarue.

71 — *Sir Robert Hetcher.*

Gravé par Dickinson, d'après Reynolds.

72 — *Le Poussin aux environs de Rome.*

Gravé par Pichard, d'après Benouville.

73 — *Portrait de Lady Elisabeth Leveson.*

D'après sir Thomas Lawrence.

74 — *Mlle Duclos.*

Gravé par Desplaces, d'après Largillière.

75 — *Recueil élémentaire d'architecture, composé par le sieur de Neufforge, architecte.*
Paris, 1757-1758.
Six volumes.

76 — *Ornemens, inventés par J. Bérain et se vendant chez le dit auteur, aux galeries du Louvre, etc.*

77 — *De la distribution des maisons de plaisance et de la décoration des édifices en général.*
Par J.-F. Blondel.
Deux volumes.

78 — *Le premier volume des plus excellents bâtiments de France, par J.-A. Du Cerceau, architecte.*
Paris, 1576.

79 — *Relation de l'arrivée du Roy au Hâvre de Grâce, le 19 septembre 1749.*
Paris, 1753.

80 — *Représentation des Fêtes données par la ville de Strasbourg.*
Inventé, dessiné et dirigé par J.-M. Weiss.

81 — *Suite au Cabinet du Roy. Grande galerie du château de Versailles.*

Deuxième supplément au cinquième volume.
Un volume.

82 — *Grand escalier du château de Versailles.*

Un volume.

83 — *Le Louvre et les Tuileries.*

Un volume.

84 — *Johns Gilleray, 1800.*

Album contenant une série de gravures anglaises en couleur.

85 — *Un Album contenant une série de gravures anglaises : chevaux de courses.*

86 — *Fregi del Foro Trajano, in Roma.*

Milano, 1844.

87 — *L'Hiver, à Paris.*

Album contenant seize planches gravées, d'après Eug. Lami.
Épreuves d'artiste.

88 — *Dix-neuf gravures à l'eau-forte, par Fortuny.*

Belles épreuves d'artiste, dans un portefeuille. — Goupil et C°, éditeurs.

89 — *Monographie du palais de Fontainebleau, dessinée et gravée par Rodolphe Pfnor, accompagnée d'un texte historique et descriptif, par Champollion Figeac.*

Environ dix livraisons.

90 — *Un Album contenant une série nombreuse de gravures, d'après F. Boucher.*

91 — *Cinquante-cinq Portraits d'artistes ou personnages célèbres.*

Gravés par Ant. Van Dyck, P. Pontius, Pétrus de Iode, G. Hondius, Vorsterman, etc.

IMPRIMERIE D. DUMOULIN ET C**ie**

Rue des Grands-Augustins, 5, à Paris.